非营利组织评估知识问答

付　强　潘　薇　韩　冰　殷立欣　著

中国质量标准出版传媒有限公司
中　国　标　准　出　版　社
北　京

图书在版编目（CIP）数据

非营利组织评估知识问答/付强等著．—北京：中国标准出版社，2019.8

ISBN 978-7-5066-9421-6

Ⅰ.①非…　Ⅱ.①付…　Ⅲ.①非营利组织—评估—问题解答　Ⅳ.①C916.2-44

中国版本图书馆 CIP 数据核字（2019）第 120680 号

中国质量标准出版传媒有限公司
中　国　标　准　出　版　社　出版发行

北京市朝阳区和平里西街甲 2 号（100029）

北京市西城区三里河北街 16 号（100045）

网址：www.spc.net.cn

总编室：（010）68533533　发行中心：（010）51780238

读者服务部：（010）68523946

中国标准出版社秦皇岛印刷厂印刷

各地新华书店经销

*

开本 880×1230　1/32　印张 3.125　字数 58 千字

2019 年 8 月第一版　　2019 年 8 月第一次印刷

*

定价　15.00　元

前言

非营利组织（non-profit organization，NPO）是一种非常重要的自组织形式和社会力量，从行业协会、基金会到民办的非营利性教育医疗卫生组织、社会服务、科研机构等，非营利组织的身影无处不在。

截至 2019 年 3 月，我国非营利组织共计 820349 个，其中民政部登记非营利组织共 818049 个。为了开展非营利组织研究、培育强化非营利组织的自律意识和社会责任感，维护各级各类非营利组织的合法权益，提高非营利组织行业规范，有必要对非营利组织开展相关评估工作。中华人民共和国民政部于 2010 年发布的《社会组织评估管理办法》（民政部令第 39 号）明确规定，对全国性社会组织开展评估工作。2018 年，民政部《社会组织登记管理条例》（草案征求意见稿）首次从行政法规层面明确了社会组织评估，提出“登记管理机关应当建立对社会组织的评估制度”。

为了让更多的人了解非营利组织评估相关的工作内容与要求，我们基于非营利组织评估相关政策文件，结合国内外文献信息调研、汇总和整理，编写了《非营利组织评估知识问答》一书，全书分为四章：第一章　社会组织评估；第二章　全国性社会团体；第三章　民办非企业单位；第四章　基金会。全书通过 147 个问答题，使读者了解什么是非营利组织、非营利组织和社会组织之间的关系；介绍了我国对非营利组织开展评估的时间和相关政策要求；分类解答了不同类型非营利组织申请成立、批准、评估指标体系和材料准备等方面的问题。

本书作为广大非营利组织机构工作人员的实用参考书、工具书，使工作人员能够在工作过程中便捷地获取信息。

著者

2019 年 1 月

目录

第一章　社会组织评估

1. 什么是非营利组织？非营利组织和社会组织有什么关系？

答：非营利组织最早是以非政府组织一词，在1945年联合国宪章第71款中被正式使用的。很多学者围绕非营利组织开展了大量的研究，学术界广泛引用的是美国约翰·霍普金斯大学莱斯特·萨拉蒙（Lester M. Salamon）教授确立的五个非营利组织特征，即组织性、非政府性、非营利性、自治性和志愿性。

从系统的角度看，社会系统是由营利组织、非营利组织和政府三部分构成，呈三足鼎立之势。非营利组织是不以营利为目的，介于政府、营利组织之间的一切向社会提供公益服务的组织。在国际上，由于各国在文化传统和语言习惯方面存在着不同，在不同的政治和社会背景下对社会组织特质的侧重也不同，因此非营利组织在不同的国家和地区有多种不同的称谓，如：非政府组织（NGO）、社会组织、民间组织、公民社会、第三部门（Third Sector）

或独立部门、志愿者组织，慈善组织、免税组织等。

2. 我国从什么时候开始对社会组织开展评估？

答：2007 年《民政部关于推进民间组织评估工作的指导意见》和《全国性民间组织评估实施办法》发布以来，全国性社会组织评估工作已满 10 年，评估的规范性、科学性、权威性、有序性和覆盖率显著提升。尤其是 2015 年《民政部关于探索建立社会组织第三方评估机制的指导意见》印发后，评估工作采用了更为有效的政社合作评估方式，开启了评估工作的新时代。

3. 我国有多少个全国性社会组织？

答：截至 2019 年 3 月，全国社会组织共 820349 个，其中民政部登记的社会组织共 818049 个。

4. 为什么要对社会组织开展评估？

答：社会组织评估的目的是为了开展社会组织研究、培育，推动社会组织能力和信息化建设，强化社会组织的自律意识和社会责任感，维护各级各类社会组织合法权益，加强社会组织行业规范。

5. 我国非营利组织第三方评估的主体有哪些？

答：目前，我国非营利组织第三方评估的主要模式中存在三大主体：政府部门、第三方评估机构、评估委员会。这也是在我国现实国情下由政府评估向完全社会化评估转变的必然选择。政府部门与第三方评估机构之间构成合作关系，再由评估委员会这一专业上的监督机构加入其中，对评估结果进行最后的检验及把关。三者之间相互制约，共同组成我国目前第三方评估的主体。

6. 什么是非营利组织的章程？

答：非营利组织的章程是指经特定的程序制定的关于组织规程和办事规则的法规文书，是一种根本性的规章制度。

7. 组织章程一般包括哪些内容？

答：组织章程一般包括总则、业务范围、组织机构、负责人、财产使用、终止条件、章程修改、附则等。

8. 我国对哪几类社会组织开展评估工作？

答：截至目前，民政部陆续启动了基金会，社会机构，全国性行业协会商会，全国性学术类，公益类社团5类社会组织的评估工作。

9. 社会组织评估的依据是什么？

答：根据2010年发布的《社会组织评估管理办法》

（民政部令第39号）规定，对全国性社会组织开展评估工作。2018年，民政部《社会组织登记管理条例》（草案征求意见稿）首次从行政法规层面明确了社会组织评估，提出“登记管理机关应当建立对社会组织的评估制度”。

10. 社会组织评估的原则是什么？

答：社会组织评估工作坚持分级管理、分类评定、客观公正的原则，实行政府指导、社会参与、独立运作的工作机制。

11. 社会组织评估由谁组织负责？

答：民政部社会组织管理局、民政部社会组织服务中心组织推动全国性社会组织评估工作。

12. 社会组织评估由谁具体实施？

答：评估工作由公开招标遴选的第三方评估机构及多领域评估专家具体实施。

13. 社会组织评估的形式是什么？

答：社会组织评估采用现场评估的形式。

14. 社会组织评估的工作流程是什么？

答：评估工作流程包括：第三方评估机构招标、民政部对社会组织参评的宣传动员、社会组织自评与申报、参评社会组织名单公示、第三方评估机构组织评估专家进行现场评估并提出初评意见、全国性社会组织评估委员会终评、公示、民政部发布公告。

15. 社会组织评估的对象是谁？

答：社会组织评估采用自愿申请的方式，申请参加评估的社会组织应当符合取得社会团体、基金会或者民办非企业单位登记证书有效期满 2 年。未参加过社会组织评估或参加过社会组织评估，评估等级满 5 年有效期的应当申请重新评估；评估等级有效期满 3 年，可以申请重新评估。

16. 申请参加社会组织评估的流程是什么？

答：首先，应登录民政部社会组织评估申报系统（http：//pgsb. mzngo. org）*，填写《社会组织评估申报书》，打印装订后报送至民政部社会组织服务中心进行评估资格审核。随后，社会组织应按照评估指标和现场评估材料目录，认真准备材料。评估资格审核通过后，

* 网络评估系统在规定提交评估申请期间开放，提交截止日期后关闭系统。

由第三方机构组织评估专家进行现场评估，提出初评意见。最后，全国性社会组织评估委员会对现场评估意见进行终评，确定评估等级并公示、公告。

17. 什么情况不能申请参加社会组织评估?

答:《社会组织评估管理办法》明确规定，有下列情形之一的，评估机构不予评估：未参加上一年年度检查；上年度年度检查不合格或者连续 2 年基本合格；上年度受到有关政府部门行政处罚或者行政处罚尚未执行完毕；正在被有关政府部门或者司法机关立案调查；或其他不符合评估条件的情况。

18. 社会组织评估的内容是什么?

答: 社会组织评估按照组织类型的不同，实施分类评估。社会团体、基金会实行综合评估，评估内容包括基础条件、内部治理、工作绩效和社会评价。民办非企业单位实行规范化建设评估，评估内容包括基础条件、内部治理、业务活动和诚信建设、社会评价。

19. 社会组织评估基础条件指标分值是多少? 包括哪些指标?

答: 基础条件满分分值为 60 分，具体指标包括：(1) 法人资格相关指标：法定代表人，名称（社会组织名称牌匾）和办公条件；（2）登记备案和年度检查相关指标：章程，变更登记和备案，年检时间和结论。

20. 社会组织评估内部治理指标分值是多少？包括哪些指标？

答：内部治理满分分值为390～400分，具体指标包括：（1）组织管理相关指标：理事会，监事会，分支机构和代表机构，党组织；（2）人事管理相关指标：负责人方面，人事管理方面，工作人员方面；（3）资金管理相关指标：资金来源和使用方面，会计人员管理方面，会计核算管理方面，资产管理方面，投资管理方面，支出、税收和票据管理方面，财务报告方面，财务监督方面，档案、证章管理方面。

21. 社会组织评估工作绩效指标分值是多少？包括哪些指标？

答：工作绩效满分分值为420～430分，具体指标包括：（1）政府购买服务和公益性相关指标：政府购买服务方面，公益性方面；（2）信息公开与宣传相关指标：信息公开制度和管理，信息公开平台，向社会公开内容，媒体报道。

22. 社会组织评估社会评价指标分值是多少？包括哪些指标？

答：社会评价满分分值为120分，具体指标包括：登记管理机关，业务主管单位，表彰奖励。

23. 社会组织评估结果如何展现？

答：社会组织评估结果分为5个等级，由高至低依次为5A级（AAAAA）、4A级（AAAA）、3A级（AAA）、2A级（AA）、1A级（A）。

获得评估等级的社会组织在开展对外活动和宣传时，可以将评估等级证书作为信誉证明出示。评估等级牌匾应当悬挂在服务场所或者办公场所的明显位置，自觉接受社会监督。

24. 社会组织评估等级有有效期吗？

答：社会组织评估等级有效期为5年。

25. 参加社会组织评估有什么好处？

答：获得3A以上评估等级的社会组织，可以优先接受政府职能转移，可以优先获得政府购买服务，可以优先获得政府奖励。获得3A以上评估等级的基金会、慈善组织等公益性社会团体可以按照规定申请公益性捐赠税前扣除资格。获得 4A 以上评估等级的社会组织在年度检查时，可以简化年度检查程序。

26. 社会组织评估等级在有效期内是一直保持不变的吗？

答：根据《社会组织评估管理办法》第三十条规定，获得评估等级的社会组织有下列情形之一的，由民政部门做出降低评估等级的处理，情节严重的，做出取消评估等级的处理：

（1）评估中提供虚假情况和资料，或者与评估人员串通作弊，致使评估情况失实的；

（2）涂改、伪造、出租、出借评估等级证书，或者伪造、出租、出借评估等级牌匾的；

（3）连续 2 年年度检查基本合格的；

（4）上年度年度检查不合格或者上年度未参加年度检查的；

（5）受相关政府部门警告、罚款、没收非法所得、限期停止活动等行政处罚的；

（6）其他违反法律法规规定情形的。

27. 社会组织评估等级被降级后还可以申请参加社会组织评估吗?

答: 被降低评估等级的社会组织在2年内不得提出评估申请,被取消评估等级的社会组织在3年内不得提出评估申请。

28. 社会组织评估等级被降级后会收到通知吗?

答: 民政部门会以书面形式将降低或者取消评估等级的决定,通知被处理的社会组织及其业务主管单位和政府相关部门,并向社会公告。

29. 收到社会组织评估等级被降级或取消通知后应该做什么?

答: 被取消评估等级的社会组织须在收到通知书之日起15日内将原评估等级证书、牌匾退回民政部门;被降低评估等级的社会组织须在收到通知书之日起15日内将评估等级证书、牌匾退回民政部门,换发相应的评估等级证书、牌匾。拒不退回(换)的,由民政部门公告作废。

30. 社会组织评估专家委员如果存在弄虚作假的情况如何处理？

答：评估委员会委员、复核委员会委员和评估专家在评估工作中未履行职责或者弄虚作假、徇私舞弊的，取消其委员或者专家资格。

第二章　全国性社会团体

31. 什么是全国性社会团体？

答：全国性社会团体，是指由中国公民自愿组成，为实现会员共同意愿，按照其章程开展活动的非营利性社会组织。

国家机关以外的组织可以作为单位会员加入社会团体。

32. 我国有多少个全国性社会团体？

答：截至 2019 年 3 月，全国性社会团体共 365981 个，其中民政部登记的有 1967 个。

33. 社会团体的相关规章制度有哪些？

答：《社会团体登记管理条例》于 1998 年 10 月经中华人民共和国国务院令第 250 号发布，2016 年 2 月根据《国务院关于修改部分行政法规的决定》进行修订，详细规定了社会团体管理的相关规定。

34. 谁是全国性社会团体的审批和管理部门？

答：民政部作为全国性社会团体的审批和管理部门，负责全国性社会团体的管理工作。

35. 全国性社会团体成立是否有数量限制？

答：全国性社会团体成立无数量限制。

36. 全国性社会团体可以从事经营活动吗？

答：全国性社会团体不得从事营利性经营活动。

37. 全国性社会团体申请成立的条件是什么？

答：（1）有明确的业务主管单位。（2）有一定数量的会员：个人会员 50 个（含）以上，或者单位会员 30 个（含）以上；由个人会员和单位会员混合组成的，总数 50 个（含）以上；会员要在本社团业务领域内具有广泛代表性。（3）有规范的名称、固定的住所、明确的章程和相应的组织机构。（4）有 10 万元以上活动资金。

根据《中共中央组织部关于规范退（离）休领导干部在社会团体兼职问题的通知》（中组发〔2014〕11 号），除工作特殊需要外，退（离）休领导干部不得牵头成立新的社会团体。

38. 全国性社会团体可以随便起名字吗?

答:(1)全国性社会团体的名称应当与其业务范围、成员分布、活动地域相一致,准确反映其特征;(2)全国性社会团体名称可以冠以“中国”“全国”“中华”等字样,跨行政区域社会团体和地方性社会团体的名称不得冠以上述字样;(3)全国性社会团体一般不以人名命名。

39. 申请成立全国性社会团体应提交哪些材料?

答:申请成立全国性社会团体应提交:(1)《关于________登记的申请》及其电子版(自拟);(2)业务主管单位同意成立的文件(由业务主管单位出具);(3)章程草案及其电子版(依照中国社会组织网上章程示范文本自拟);(4)住所使用权证明(自拟);(5)活动资金捐赠承诺书(自拟);(6)拟任负责人名单(自拟)及《社会团体负责人备案表》;(7)会员名单(自拟);(8)秘书长专职承诺书(自拟)。

40. 申请成立全国性社会团体材料需要提交几份?

答:申请成立全国性社会团体材料均为一式两份,原件、复印件各一份。

41. 申请成立、变更或注销全国性社会团体材料准备好后应提交至哪里？

答：材料齐备后，提交至民政部社会组织登记服务大厅。

42. 民政部社会组织登记服务大厅的办公地点和联系方式是什么？

答：民政部社会组织服务大厅（北京市东城区东安门大街 55 号王府世纪写字楼 308 室）。

43. 申请成立全国性社会团体的材料如何获取？

答：申请成立全国性社会团体的全部材料和表格均可从“中国社会组织网—办事服务平台—表格下载”中直接下载，无需登录。

44. 申请成立社会团体应当具备哪些条件？

答：中国公民、法人均可以申请成立社会团体，发起人数量不限，但国家机关和具有行政管理职能的事业单位不宜作为发起人，也不能成为会员，具体条件包括：（1）有 50 个以上的个人会员或者 30 个以上的单位会员；个人会员和单位会员混合组成的，总数不少于 50 个；（2）有规范的名称、章程和相应的组织机构；（3）有固定的住所；（4）有与其业务活动相适应的专职工作人员；（5）有规定最低限额的活动资金（全国性社会团体不低于10万元，跨省级行政区域的社会团体不低于3万元）；（6）有独立承担民事责任的能力。

45. 申请成立全国性社会团体的办事流程是什么？

答：申请成立全国性社会团体，应先经业务主管单位审查同意，再向登记管理机关提交申请。具体程序为：（1）经业务主管单位审查同意，发起人向登记管理机关提交成立申请材料；（2）登记管理机关审查批准后，发起人在3个月内，开展成立工作，召开成立大会，通过章程，产生执行机构，负责人和法定代表人；（3）发起人在成立工作完成后，在“中国社会组织网一社会组织网上办事大厅”上填报成立登记材料，登记管理机关核准无误后，发给成立登记批复和社会团体法人登记证书；（4）社会团体成立后，在民政部社会组织服务中心申请刻制印章，在税务部门办理税务登记，在银行开立银行账户，办理完毕后报登记管理机关备案。

46. 提交申请成立全国性社会团体材料后多长时间能得到意见反馈？

答：登记管理机关自收到所列全部有效文件之日起

60 日内，做出准予或者不予登记的决定。登记管理机关在审查发起人提交的文件时，可以根据实际情况征求有关方面意见或者组织有关专家进行评估，所需时间不包括在登记时限内。

47. 申请成立、变更或注销全国性社会团体的费用是多少？

答：申请成立或变更全国性社会团体不需缴费。

48. 全国性社会团体批准成立后会提供什么证明材料？

答：批准成立的全国性社会团体，由登记管理机关发给《社会团体法人登记证书》。

49. 民政部社会组织服务大厅的办事流程是什么？

答：办事流程包括：(1) 申请人提交材料；(2) 民政部社会组织服务大厅审查材料；(3) 通过审查材料后向申请人发放验资通知书，待验资完成后接收材料并出具材料清单；(4) 登记处审核；(5) 审核通过后由登记处准备完整材料报上级审核；(6) 履行内部审核程序；(7) 民政部办理成立登记批复；(8) 成立登记事项办结。

对于未通过审查或审核阶段的材料，将出具告知书，说明不符合规定或不通过的理由，材料将被退回申请人。

50. 全国性社会团体名称可以变更吗?

答: 根据实际需要，可以变更社会团体名称，具体可参见民政部2017年发布的《社会团体名称变更办事指南》。

51. 全国性社会团体名称办理变更需要注意什么?

答: 社会团体名称办理变更时，需要注意其业务范围和章程与名称之间的关系。如果社会团体名称变更后，其业务范围和章程与名称变更前基本不存在联系，则不能视为名称变更登记，应当注销该社会团体，另行申请设立新的社会团体。

52. 全国性社会团体名称变更的网上办事流程是什么?

答: 进入中国社会组织网（www.chinanpo.gov.cn）首页，点击右上方“网上办公”栏目社会团体登记栏中的办理事项，进入社会团体网上办事大厅页面，填写用户名和密码登录，进入“填写表单”页面，按要求完成相关表格的填写，完成后点击“提交”键，完成网上填报。

网上提交后，由登记管理机关进行形式审查。一般10个工作日后，可通过原路径登录网上办公平台查询回复意见。审查通过的，直接在网上打印相关表格，按要求签字，加盖社会团体印章，经业务主管单位审查同意并加盖印章后，向登记大厅提交纸质材料。

53. 全国性社会团体名称变更所需材料是什么？

答：（1）申请书（写明申请更名的理由、必要性，以及更名前后业务范围的变化，加盖社会团体印章）；（2）业务主管单位同意名称变更的文件（加盖国徽章）；（3）《社会团体变更登记申请表》；（4）《社会团体章程核准表》（填写修改说明时应对照新旧章程说明全部修改内容，附页须加盖公章）；（5）新章程及其电子版（章程骑缝处加盖业务主管单位印章）。

54. 全国性社会团体可以注销吗？需要准备哪些材料？

答：全国性社会团体可以注销。需要准备并提交材料包括：（1）《关于________注销登记的申请》（向民政部提出申请，说明注销登记的原因、清算的情况以及其他需要说明的重要事项，法定代表人签字并社会团体盖章）；（2）业务主管单位同意注销登记的批复（写明同意注销并认可清算结果和剩余财产的处理，加盖国徽章）；（3）《社会团体法人注销申请表》并按要求加盖印章或签字；（4）会计师事务所出具的社会团体清算审计报告；（5）社会团体清算报告书（清算小组成员签字）、债权债务公告（公告需刊登在公开发行的报纸上，提交报纸原件）；

（6）社会团体履行内部程序有关文件。

55. 全国性社会团体注销的办事流程是什么？

答：（1）按照章程履行内部程序审议通过注销决议；（2）组成清算组织，完成清算工作；（3）清算结束后，向业务主管单位提交注销申请；（4）业务主管单位审查同意后，向登记管理机关提交注销申请文件；（5）登记管理机关审查同意后，社会团体向登记管理机关交回登记证书、印章和有关财务凭证，将银行账户、税务登记和组织机构代码注销资料的复印件交登记管理机关备案，由登记管理机关办理注销公告。

56. 全国性社会团体包括哪几类？

答：社会团体是由公民或企事业单位自愿组成、按章程开展活动的社会组织，包括全国性行业协会商会、全国性学术类社团和全国性公益类社团。

57. 全国性社会团体现场评估需要准备哪些资料？

答：不同类型的全国性社会团体需准备的现场评估材料也不尽相同，除了按照不同类型评估指标要求准备材料以外，社会团体的基本情况介绍、法人登记证、住所证明（产权证或租赁协议、无偿使用证明）、现行章程（复印件）及章程核准批复（社团成立后章程未作修改的不需提供）、制（修）订现行章程、会费标准的会议纪要、社团名称、业务范围、住所、注册资金、法定代表人、业务主管单位变更登记材料、最近一次会员（代表）大会的会议资料等基本材料都是需要准备的，具体信息可登录“中国社会组织公共服务平台”的资料下载栏目获取。

58. 全国性社会团体现场评估资料如何报送？

答：全国性社会团体评估资料现场提供即可，不需装订报送。目前，协会基本情况介绍需要提交电子版至指定的邮箱，详情请留意查看不同类型“现场评估主要查看资料目录”要求。

59. 全国性行业协会商会具体评估指标包括哪些？

答：全国性行业协会商会具体评估指标包括：基础条件（55 分），内部治理（425 分），工作绩效（400 分），社会评价（120 分）。其中：

（1）基础条件指标：法人资格（25 分），登记管理（30 分）；

（2）内部治理指标：组织机构（70 分），党组织（50 分），人力资源（55 分），财务资产（235 分），档案、证章管理（15 分）；

（3）工作绩效指标：提供服务（170 分），反映诉求（35 分），行业自律（75 分），会员管理（20 分），国际合作与交流（30 分），信息公开与宣传（55 分），特色工作（15 分）；

（4）社会评价指标：内部评价（50 分），外部评价（70 分）。

重点考察指标为：

（1）内部治理—组织机构—分支（代表）机构；

（2）内部治理—党组织—党组织建立情况；

（3）内部治理—财务资产—合法运营、会计核算、投资管理、业务收支、分支机构财务管理、税收和票据。

60. 全国性学术类社团具体评估指标包括哪些？

答：全国性学术类社团具体评估指标包括：基础条件（55 分），内部治理（415 分），工作绩效（410 分），社会评价（120 分）。其中：

（1）基础条件指标：法人资格（25 分），登记管理（30 分）；

（2）内部治理指标：组织机构（70 分），党组织（50 分），人力资源（55 分），财务资产（225 分），档案、证章管理（15 分）；

（3）工作绩效指标：学术活动（140 分），建议咨询（50 分），科普公益（50 分），人才建设（65 分），信息公开与宣传（55 分），国际合作与交流（35 分），特色工作（15 分）；

（4）社会评价指标：内部评价（50 分），外部评价（70 分）。

重点考察指标为：

（1）内部治理—组织机构—分支（代表）机构；

（2）内部治理—党组织—党组织建立情况；

（3）内部治理—财务资产—合法运营、会计核算、投资管理、业务收支、分支机构财务管理、税收和票据。

61. 全国性公益类社团具体评估指标包括哪些？

答：全国性公益类社团具体评估指标包括：基础条件（55 分），内部治理（425 分），工作绩效（400 分），社会评价（120 分）。其中：

（1）基础条件指标：法人资格（25 分），登记管理（30 分）；

（2）内部治理指标：组织机构（65 分），党组织（50 分），人力资源（55 分），财务管理（255 分）；

（3）工作绩效指标：社会捐赠（20 分），战略与计划（20 分），公益项目（230 分），信息公开（80 分），特色工作（30 分）；

（4）社会评价指标：内部评价（20 分），公众评价（30 分），管理部门评价（70 分）。

重点考察指标为：

（1）内部治理—党组织—党组织建立情况；

（2）内部治理—财务管理—合法运营、会计基础工作、投资管理、公益项目财务管理和关联方及关联交易管理；

（3）工作绩效—公益项目—项目公益性。

62. 评估指标中业务主管单位评价包括哪些内容？

答：业务主管单位评价主要包括：社会团体规范管理情况、领导班子建设情况、党建工作情况、创新能力方面、发挥作用方面和社会影响方面六部分。

业务主管单位评价表由有关主管司局评价盖章即可。

63. 评估指标中党建领导机关评价包括哪些内容？

答：党建领导机关评价内容与业务主管单位评价内容是相同的，主要包括：社会团体规范管理情况、领导班子建设情况、党建工作情况、创新能力方面、发挥作用方面和社会影响方面六部分。

64. 评估指标中业务主管单位和党建领导机关评价意见可以提交电子版吗？

答：业务主管单位和党建领导机关评价意见应提交纸质版，可由业务主管单位或党建领导机关传真或寄送至民政部社会组织服务中心管理服务处，也可由参评社会组织转交。

65. 哪些类型的社会团体需要提交业务主管单位和党建领导机关评价意见表？

答：全国性行业协会商会需提交业务主管单位和党建领导机关评价意见表；全国性学术类社团和全国性公益类社团仅需提交业务主管单位评价意见表，不需提交党建领导机关评价意见表。

第三章　民办非企业单位

66. 什么是民办非企业单位？

答：民办非企业单位是指企业事业单位、社会团体和其他社会力量以及公民个人利用非国有资产举办的，从事非营利性社会服务活动的社会组织，2016年9月1日开始实施的《中华人民共和国慈善法》，则将其更名为社会服务机构。

67. 我国有多少个全国性民办非企业单位？

答：截至2019年3月，全国性民办非企业共447228个，其中民政部登记的有101个。

68. 申请成立民办非企业单位应当具备哪些条件？

答：企事业单位、社会团体和其他社会力量以及公民个人均可申请成立民办非企业单位，具体条件包括：

（1）经业务主管单位审查同意；

（2）有规范的名称、必要的组织机构；

（3）有与其业务活动相适应的从业人员；

（4）有与其业务活动相适应的合法财产（在民政部登记一般30万元以上，其中非国有资产份额不得低于总财产的三分之二，国家法律或国家有关行政部门对从事某行（事）业的民办非企业单位的开办资金另有规定的，从其规定）；

（5）有必要的场所。

医疗、教育、职业培训类民办非企业单位，应当分别在卫生行政部门领取《医疗机构执业许可证》、在教育行政部门领取《社会力量办学许可证》、在劳动和社会保障行政部门领取《社会力量办学许可证》后，再到同级民政部门办理登记。

69. 民办非企业单位名称的命名有哪些要求？

答：民办非企业单位名称的命名包括以下要求：

（1）民办非企业单位的名称一般包括字号、行（事）业或业务领域和组织形式三部分，名称应当与其业务范围相一致，准确反映其特征；

（2）名称中所标明的组织形式必须明确，一般称学校、学院、园、医院、中心、院、所、馆、站、社、公寓、俱乐部等，组织形式不得冠以“总”字；

（3）在民政部登记的民办非企业单位，其名称不得冠以“中国”“全国”“中华”等字样；在地方民政部门登记的民办非企业单位，其名称应当冠以所在地省（自治区、直辖市）、市（地、州）、县（县级市、市辖区）的行政区划名称；冠以市辖区名称的，应当同时冠以市的名称；

（4）民办非企业单位名称不得有损于国家、社会公共利益、违背社会道德风尚，或带有封建迷信色彩；不得包含可能对公众造成欺骗或者误解的文字或内容；不得使用政党名称、党政军机关名称、人民团体名称、社会团体名称、事业单位名称、企业名称及宗教界的寺、观、教堂（佛、道教的寺、观，伊斯兰教的清真寺，天主教、基督教的教堂）名称；不得使用已被撤销的民办非企业单位的名称；不得使用其他法律、行政法规规定禁止的名称。

70. 申请民办非企业单位登记需要提交哪些文件？

答：申请民办非企业单位登记，举办者应当向登记管理机关提交下列文件：

（1）登记申请书；

（2）业务主管单位的批准文件；

（3）场所使用权证明；

（4）验资报告；

（5）拟任负责人的基本情况、身份证明；

（6）章程草案。

民办非企业单位的登记申请书应当包括：举办者单位名称或申请人姓名；拟任法定代表人或单位负责人的基本

情况；住所情况；开办资金情况；申请登记理由等。

业务主管单位的批准文件，应当包括对举办者章程草案、资金情况（特别是资产的非国有性）、拟任法定代表人或单位负责人基本情况、从业人员资格、场所设备、组织机构等内容的审查结论。

民办非企业单位的活动场所须有产权证明或一年期以上的使用权证明。

民办非企业单位的验资报告应由会计师事务所或其他有验资资格的机构出具。

拟任法定代表人或单位负责人的基本情况应当包括姓名、性别、民族、年龄、目前人事关系所在单位、有否受到剥夺政治权利的刑事处罚、个人简历等。拟任法定代表人或单位负责人的身份证明为身份证的复印件，登记管理机关认为必要时可验证身份证原件。

对合伙制的民办非企业单位，拟任单位负责人指所有合伙人。

民办非企业单位的章程草案应当符合《民办非企业单位登记管理暂行条例》第十条的规定。合伙制的民办非企业单位的章程可为其合伙协议，合伙协议应当包括条例第十条第一、二、三、五、六、七、八项的内容。民办非企业单位须在其章程草案或合伙协议中载明该单位的盈利不得分配，解体时财产不得私分。

71. 简化登记手续的民办非企业单位应提交的文件有哪些？

答：依照法律、其他行政法规规定，经有关主管部门依法审核或者登记，已经取得相应的执业许可证书的民办非企业单位，登记管理机关应当简化登记手续，凭有关主管部门出具的执业许可证明文件，发给相应的民办非企业单位登记证书。

应当简化登记手续的民办非企业单位，办理登记时，应向登记管理机关提交下列文件：

（1）登记申请书；

（2）章程草案；

（3）拟任法定代表人或单位负责人的基本情况、身份证明；

（4）业务主管单位出具的执业许可证明文件。

72. 民办非企业单位的登记事项包括哪些内容？

答：民办非企业单位的登记事项为：名称、住所、宗旨和业务范围、法定代表人或者单位负责人、开办资金、业务主管单位。

（1）名称是指民办非企业单位的名称。

（2）住所是指民办非企业单位的办公场所，须按所在市、县、乡（镇）及街道门牌号码的详细地址登记。

（3）宗旨和业务范围必须符合法律法规及政策规定。

（4）开办资金应当与实有资金相一致。

（5）业务主管单位应登记其全称。

73. 民办非企业单位审核登记程序是什么？

答：民办非企业单位登记管理机关（以下简称“登记管理机关”）审核登记的程序是受理、审查、核准、发证、公告。

（1）受理。申请登记的举办者所提交的文件、证件和填报的登记申请表齐全、有效后，方可受理。

（2）审查。审查提交的文件、证件和填报的登记申请表的真实性、合法性、有效性，并核实有关登记事项和条件。

（3）核准。经审查和核实后，做出准予登记或者不予登记的决定，并及时通知申请登记的单位或个人。

（4）发证。对核准登记的民办非企业单位，分别颁发有关证书，并办理领证签字手续。

（5）公告。对核准登记的民办非企业单位，由登记管理机关发布公告。

74. 申请民办非企业登记做出决定的时间是多长？

答：登记管理机关应当自收到成立登记申请的全部有效文件之日起60日内做出准予登记或者不予登记的决定。

75. 通过申请民办非企业登记后会收到哪些证书?

答: 准予登记的民办非企业单位，由登记管理机关登记民办非企业单位的名称、住所、宗旨和业务范围、法定代表人或者负责人、开办资金、业务主管单位，并根据其依法承担民事责任的不同方式，分别发给《民办非企业单位（法人）登记证书》《民办非企业单位（合伙）登记证书》《民办非企业单位（个体）登记证书》。

76. 未通过申请民办非企业登记的原因有哪些?

答: 有下列情形之一的，登记管理机关不予登记，并向申请人说明理由：

（1）有根据证明申请登记的民办非企业单位的宗旨、业务范围不符合本条例第四条规定的；

（2）在申请成立时弄虚作假的；

（3）在同一行政区域内已有业务范围相同或者相似的民办非企业单位，没有必要成立的；

（4）拟任负责人正在或者曾经受到剥夺政治权利的刑事处罚，或者不具有完全民事行为能力的；

（5）有法律、行政法规禁止的其他情形的。

77. 民办非企业单位有哪几种类别?

答: 民办非企业单位根据其依法承担民事责任的不同

方式分为民办非企业单位（法人）、民办非企业单位（合伙）和民办非企业单位（个体）三种。

（1）个人出资且担任民办非企业单位负责人的，可申请办理民办非企业单位（个体）登记；

（2）两人或两人以上合伙举办的，可申请办理民办非企业单位（合伙）登记；

（3）两人或两人以上举办且具备法人条件的，可申请办理民办非企业单位（法人）登记；

（4）由企业事业单位、社会团体和其他社会力量举办的或由上述组织与个人共同举办的，应当申请民办非企业单位（法人）登记。

78. 民办非企业单位包括哪些行（事）业？

答：民办非企业单位包括以下行（事）业：

（1）教育事业。如民办幼儿园，民办小学、中学、学校、学院、大学，民办专修（进修）学院或学校，民办培训（补习）学校或中心等。

（2）卫生事业。如民办门诊部（所）、医院，民办康复、保健、卫生、疗养院（所）等。

（3）文化事业。如民办艺术表演团体、文化馆（活动中心）、图书馆（室）、博物馆（院）、美术馆、画院、名人纪念馆、收藏馆、艺术研究院（所）等。

（4）科技事业。如民办科学研究院（所、中心），民办科技传播或普及中心、科技服务中心、技术评估所（中心）等。

（5）体育事业。如民办体育俱乐部，民办体育场、馆、院、社、学校等。

（6）劳动事业。如民办职业培训学校或中心，民办职业介绍所等。

（7）民政事业。如民办福利院、敬老院、托老所、老年公寓，民办婚姻介绍所，民办社区服务中心（站）等。

（8）社会中介服务业。如民办评估咨询服务中心（所），民办信息咨询调查中心（所），民办人才交流中心等。

（9）法律服务业。

（10）其他。

79. 民办非企业单位的章程应当包括哪些内容？

答：民办非企业单位的章程应当包括下列事项：

（1）名称、住所；

（2）宗旨和业务范围；

（3）组织管理制度；

（4）法定代表人或者负责人的产生、罢免的程序；

（5）资产管理和使用的原则；

（6）章程的修改程序；

（7）终止程序和终止后资产的处理；

（8）需要由章程规定的其他事项。

80. 民办非企业单位的印章规格、式样有哪些规定？

答：民办非企业单位的印章分为名称印章、办事机构印章和专用印章（专用印章分为钢印、财务专用章、合同专用章等），一律为圆形。

由国务院民政部门核准登记的民办非企业单位，名称印章直径为4.5cm，办事机构的印章直径为4.2cm。由地方各级人民政府民政部门核准登记的民办非企业单位，名称印章直径为4.2cm，办事机构的印章直径为4cm。民办非企业单位的专用印章必须小于名称印章且直径最大不超过4.2cm，最小不小于3cm。

民办非企业单位的印章，中央刊五角星，五角星外刊单位名称，自左而右环行。其中，办事机构印章中的办事机构名称及财务专用章、合同专用章中的财务专用、合同专用等字样，刊在五角星下面，自左而右横排。

81. 民办非企业单位的印章名称、文字、文体有哪些规定？

答：印章所刊的单位名称，应为民办非企业单位的法定名称；民族自治地方的民办非企业单位的印章应当并列刊汉文和当地通用的民族文字；有国际交往的民办非企业单位印章，需要刻制外文名称的，将核准登记注册的中文名称译成相应的外国文字，并列刊汉文和外文。印章印文中的汉字，应当使用国务院公布的简化字，字体为宋体。

82. 民办非企业单位的印章刻制审批程序是什么？

答：民办非企业单位刻制印章须在取得登记证书后向登记管理机关提出书面申请及印章式样，经批准后持登记管理机关开具的同意刻制印章介绍信及登记证书到所在地县、市（区）以上公安机关办理准刻手续后，方可刻制。

83. 民办非企业单位的印章管理和缴销有哪些规定？

答：民办非企业单位的印章管理和缴销有以下规定：

（1）民办非企业单位的印章经登记管理机关、公安机关备案后，方可启用。

（2）民办非企业单位应当建立健全印章使用管理制度，印章应当有专人保管。对违反规定使用印章造成严重后果的，应当追究保管人或责任人的行政责任或法律责任。

（3）民办非企业单位因变更登记、印章损坏等原因需要更换印章时，应到登记管理机关交回原印章，按本规定程序申请重新刻制。

（4）民办非企业单位印章丢失，经声明作废后，可以按本规定程序申请重新刻制。重新刻制的印章应与原印章有所区别。如五角星两侧加横线。

（5）民办非企业单位办理注销登记后，应当及时将全部印章交回登记管理机关封存。

（6）民办非企业单位被撤销，应当由登记管理机关收缴其全部印章。

（7）登记管理机关对收缴的和民办非企业单位交回的印章，要登记造册，送当地公安机关销毁。

（8）民办非企业单位未到公安机关办理准刻手续擅自刻制印章的，由公安机关处以500元以下罚款或警告，并收缴其非法刻制的印章。

（9）对未经公安机关批准，擅自承制民办非企业单位印章的企业，由公安机关按《中华人民共和国治安管理处罚条例》第二十五条第二项的规定予以处罚。

84. 民办非企业单位名称变更申请条件是什么？

答：民办非企业单位名称变更申请条件是：

（1）拟变更后的名称应当符合《民办非企业单位名称管理暂行规定》的有关要求。

（2）经业务主管单位审查同意。

85. 民办非企业单位名称变更申请应提交哪些材料？

答：申办非企业单位名称变更申请应提交以下文件：

（1）申请书（写明申请更名的理由、必要性，以及更名前后业务范围的变化，加盖民办非企业单位印章）；

（2）业务主管单位同意名称变更的文件（加盖国徽章）；

（3）《民办非企业单位变更登记申请表》；

（4）《民办非企业单位章程核准表》（填写修改说明时应对照新旧章程说明全部修改内容，附页须加盖公章）；

（5）新章程及其电子版（新章程骑缝处加盖业务主管单位印章）。

86. 民办非企业单位法人变更申请条件是什么？

答：民办非企业单位法人变更申请条件是：

（1）经业务主管单位或党建领导机关审查同意；

（2）法定代表人为负责人。

87. 民办非企业单位法人变更申请应提交的材料有哪些？

答：申办非企业单位法人变更申请应提交以下文件：

（1）《民办非企业单位变更登记申请表》（由原法定代表人签字）；

（2）《民办非企业单位法定代表人登记表》；

（3）新法定代表人身份证明文件的复印件，正反面正常尺寸复印；

（4）由会计师事务所出具的原法定代表人离任审计报告，审计时间应从上次登记管理机关批准法定代表人变更之日开始，截至提交纸质材料前三个月内（旨在明确原法定代表人任职期间的工作情况和财务状况，网上填报原法定代表人任职期间财务审计报告时只需摘抄明确的审计结论并注明出具该审计结论的会计师事务所即可）；

（5）如审计结论中存在问题，民办非企业单位应就问题出现的原因和整改措施做出书面报告，经业务主管单位审查盖章后一并提交。

88. 民办非企业单位法定代表人变更行政许可流程是什么？

答：民办非企业单位法定代表人变更行政许可流程见图1。

89. 民办非企业单位开办资金变更申请条件是什么？

答：民办非企业单位开办资金变更申请条件是经业务主管单位审查同意。

90. 民办非企业单位开办资金变更申请应提交哪些材料？

答：申办非企业单位开办资金变更申请应提交以下

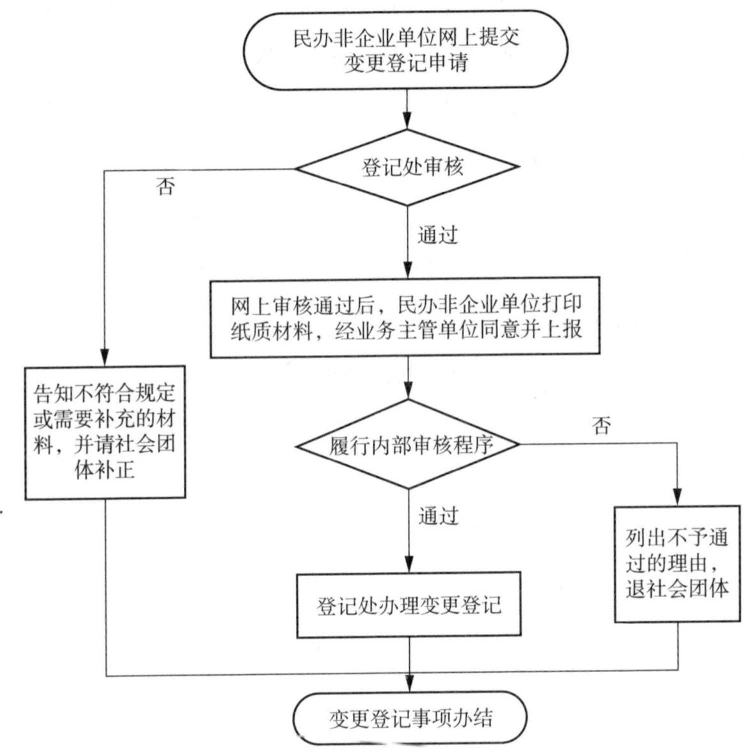

图1　民办非企业单位法定代表人变更行政许可流程

文件：

（1）《民办非企业单位变更登记申请表》；

（2）开办资金来源证明（属捐赠的，须提交捐赠协议；属民办非企业单位自有资金的，须提交说明）。

91. 民办非企业单位开办资金变更行政许可流程是什么？

答： 民办非企业单位开办资金变更行政许可流程见图 2。

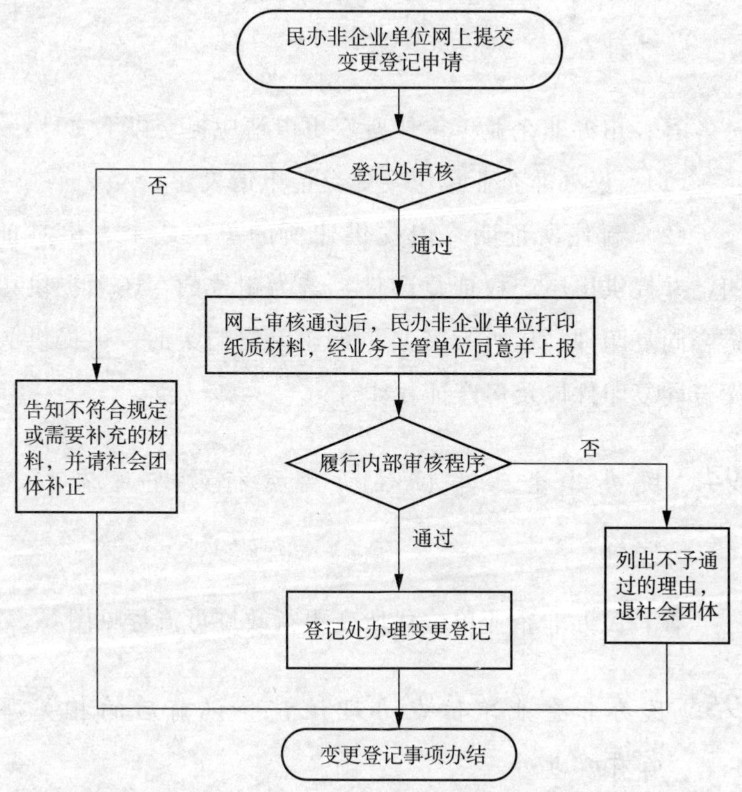

图 2　民办非企业单位开办资金变更行政许可流程

92. 民办非企业单位住所变更申请条件是什么？

答：民办非企业单位住所变更申请条件是经业务主管单位审查同意。

93. 民办非企业单位住所变更申请应提交哪些材料？

答：申办非企业单位住所变更申请应提交以下文件：

(1)《民办非企业单位变更登记申请表》；

(2) 新住所证明（由提供住所的单位或个人出具证明，并提供房屋产权证复印件，若为租赁的，还须提供租赁合同复印件；住所为民办非企业单位购买的，须提供买卖合同复印件以及房产证复印件）。

94. 民办非企业单位住所变更行政许可流程是什么？

答：民办非企业单位住所变更行政许可流程见图3。

95. 民办非企业单位在办理注销登记前后的相关事项有哪些？

答：民办非企业单位在办理注销登记前，应当在业务主管单位和其他有关机关的指导下，成立清算组织，完成

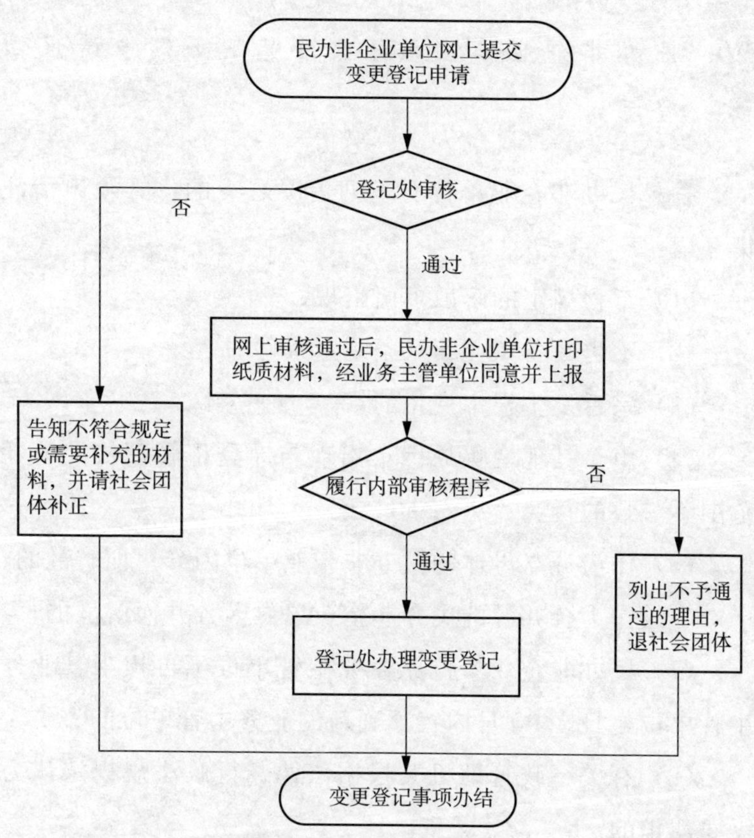

图 3　民办非企业单位住所变更行政许可流程

清算工作。清算期间，民办非企业单位不得开展清算以外的活动。民办非企业单位法定代表人或者负责人应当自完成清算之日起 15 日内，向登记管理机关办理注销登记。

96. 民办非企业单位在什么情况下必须申请注销登记?

答: 民办非企业单位有下列情况之一的，必须申请注销登记：

(1) 章程规定的解散事由出现；

(2) 不再具备条例第八条规定条件的；

(3) 宗旨发生根本变化的；

(4) 由于其他变更原因，出现与原登记管理机关管辖范围不一致的；

(5) 作为分立母体的民办非企业单位因分立而解散的；

(6) 作为合并源的民办非企业单位因合并而解散的；

(7) 民办非企业单位原业务主管单位不再担当其业务主管单位，且在90日内找不到新的业务主管单位的；

(8) 有关行政管理机关根据法律、行政法规规定认为需要注销的。

(9) 其他原因需要解散的。

属于第(7)项规定的情形，民办非企业单位的原业务主管单位须继续履行职责，直到民办非企业单位完成注销登记。

97. 民办非企业单位申请注销登记时应提交哪些文件？

答：民办非企业单位申请注销登记时，应向登记管理机关提交下列文件：

（1）法定代表人或单位负责人签署并加盖单位公章的注销登记申请书，法定代表人或单位负责人因故不能签署的，还应提交不能签署的理由的文件；

（2）业务主管单位审查同意的文件；

（3）清算组织提出的清算报告；

（4）民办非企业单位登记证书（正、副本）；

（5）民办非企业单位的印章和财务凭证；

（6）登记管理机关认为需要提交的其他文件。

登记管理机关准予注销登记的，发给注销证明文件，收缴登记证书、印章和财务凭证。

98. 民办非企业单位注销行政许可流程是什么？

答：民办非企业单位注销行政许可流程见图 4。

99. 民办非企业单位登记公告有几类？

答：民办非企业单位登记公告分为成立登记公告、变更登记公告和注销登记公告。登记管理机关发布的公告须刊登在公开发行的，发行范围覆盖同级政府所辖行政区域

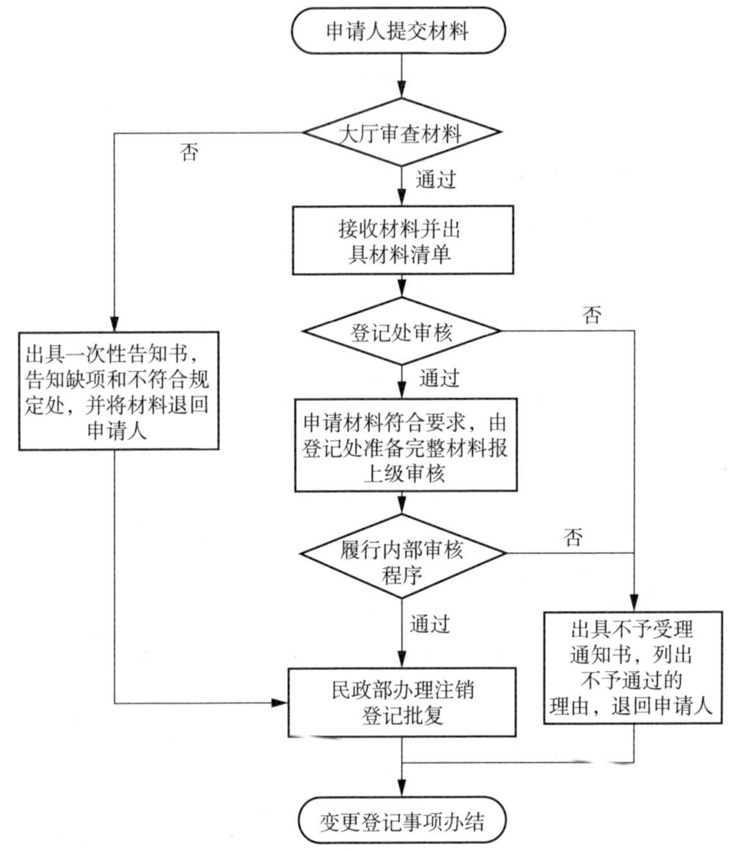

图 4　民办非企业单位注销行政许可流程

的报刊上。

（1）成立登记公告的内容包括：名称、住所、法定代表人或单位负责人、开办资金、宗旨和业务范围、业务主管单位、登记时间、登记证号。

（2）变更登记公告的内容除变更事项外，还应包括名称、登记证号、变更时间。

（3）注销登记公告的内容包括名称、住所、法定代表人或单位负责人、登记证号、业务主管单位、注销时间。

100. 民办非企业单位申请变更登记事项时应提交哪些文件？

答：民办非企业单位申请变更登记事项时，应向登记管理机关提交下列文件：

（1）法定代表人或单位负责人签署并加盖公章的变更登记申请书。申请书应载明变更的理由，并附决定变更时依照章程履行程序的原始纪要，法定代表人或单位负责人因故不能签署变更登记申请书的，申请单位还应提交不能签署的理由的文件。

（2）业务主管单位对变更登记事项审查同意文件。

（3）登记管理机关要求提交的其他文件。

101. 民办非企业单位出现哪些情况会被撤销？

答：民办非企业单位在申请登记时弄虚作假，骗取登记的，或者业务主管单位撤销批准的，由登记管理机关予以撤销登记。

102. 民办非企业单位出现违规行为的惩罚措施有哪些？

答：民办非企业单位有下列情形之一的，由登记管理机关予以警告，责令改正，可以限期停止活动；情节严重的，予以撤销登记；构成犯罪的，依法追究刑事责任：

（1）涂改、出租、出借民办非企业单位登记证书，或者出租、出借民办非企业单位印章的；

（2）超出其章程规定的宗旨和业务范围进行活动的；

（3）拒不接受或者不按照规定接受监督检查的；

（4）不按照规定办理变更登记的；

（5）设立分支机构的；

（6）从事营利性的经营活动的；

（7）侵占、私分、挪用民办非企业单位的资产或者所接受的捐赠、资助的；

（8）违反国家有关规定收取费用、筹集资金或者接受使用捐赠、资助的。

前款规定的行为有违法经营额或者违法所得的，予以没收，可以并处违法经营额1倍以上3倍以下或者违法所得3倍以上5倍以下的罚款。

103. 民办非企业单位申请参加评估的条件？

答： 民办非企业单位申请参加评估应当符合下列条件之一：

（1）取得社会团体、基金会或者民办非企业单位登记证书满两个年度，未参加过社会组织评估的；

（2）获得的评估等级满5年有效期的。

104. 民办非企业单位不能参加评估的情况？

答：民办非企业单位不能参加评估的情况有下列几项：

（1）未参加上年度年度检查；

（2）上年度年度检查不合格或者连续 2 年基本合格；

（3）上年度受到有关政府部门行政处罚或者行政处罚尚未执行完毕；

（4）正在被有关政府部门或者司法机关立案调查；

（5）其他不符合评估条件的。

105. 民办非企业单位的评估指标有哪些？

答：民政部 2016 年度全国性社会组织评估中对民办非企业单位的一级评估指标有 4 个模块，包括“基础条件”“内部治理”“工作绩效”和“社会评价”。基础条件满分为 60 分，内部治理满分为 390 分，工作绩效满分为 430 分，社会评价满分为 120 分。

在二级指标方面，基础条件模块包含“法人资格”“章程”“变更和备案”和“年度检查”；内部治理模块包含“组织机构”“党组织”“人力资源”“领导班子”“财务资产管理”和“档案、证章管理”；工作绩效模块包含“业务管理”“提供业务服务”“信息公开和服务承诺”“国际活动”“社会宣传”和“特色工作”；社会评价包含“内部评价”“公众评价”和“管理部门评价”。各分值见表1。

表1 2016年度民办非企业单位评估指标构成

一级指标	二级指标
基础条件（60分）	法人资格（28分） 章程（10分） 变更和备案（14分） 年度检查（8分）
内部治理（390分）	组织机构（70分） 党组织（30分） 人力资源（55分） 领导班子（35分） 财务资产管理（160分） 档案、证章管理（40分）
工作绩效（430分）	业务管理（75分） 提供业务服务（185分） 信息公开和服务承诺（110分） 国际活动（15分） 社会宣传（25分） 特色工作（20分）
社会评价（120分）	内部评价（40分） 公众评价（10分） 管理部门评价（70分）

在三级指标方面，法人资格下设“法定代表人”“活动资金”“名称使用”“办公条件”4项；章程下设“制定程序”“章程核准”2项；变更和备案下设“变更”和“备案”2项；年度检查下设“年度检查”1项。组织机构下设“理事会”“工会”“监督机构”“办事机构”4项；党组织

下设“党组织建设情况”和“党组织活动情况”2项；人力资源下设“人事管理”“工作人员”2项；领导班子下设“负责人”1项；财务资产管理下设“合法运营”“会计人员管理”“会计核算管理”“资金管理”“项目收支管理”“实物和无形资产管理”“投资管理”“税务和票据管理”“财务报告”和“财务监督”10项；档案、证章管理下设“档案管理”“证书管理”和“印章管理”3项。业务管理下设“业务计划”“业务（项目）开展执行”和“业务（项目）监督、总结与评估”3项；提供业务服务下设“业务规模效益”“服务专业性”“服务效果与影响”“服务政府”和“服务社会”5项；信息公开和服务承诺下设“信息公开建设”“信息公开内容”和“服务承诺”3项；国际活动下设“国际合作与交流”1项；社会宣传下设“宣传推广”和“媒体报道”2项；特色工作下设“特色贡献”1项。内部评价下设“理事评价”和“监事评价”2项；公众评价下设“服务对象评价”1项；管理部门评价下设“登记管理机关评价”“业务主管单位评价”和“获得表彰奖励情况”3项。

第四章　基金会

106. 什么是基金会？

答：基金会（慈善基金会，foundation），是指利用自然人、法人或者其他组织捐赠的财产，以从事公益事业为目的，按照《基金会管理条例》规定成立的非营利性法人。

107. 我国有多少个全国性基金会？

答：截至2019年3月，全国性基金会共7129个，其中民政部登记的有213个。

108. 基金会包括哪几类？

答：关于基金会的分类，依据不同的标准，可以划分为不同的类别。例如，依据资金运作方式的不同，基金会可被划分为运作型和资助型；依据资金提供主体的不同，又可被划分为政府举办的基金会、社会基金会、私人基金会。

在我国，2004年颁布的《基金会管理条例》首次以法规的形式，根据资金来源的不同，将基金会正式划分为公募基金会与非公募基金会。前者的资金来源主要是通过公开向社会募捐；后者按规定不得向社会公众发起公开募捐，只能依靠接受特定的捐赠资金及资金的增值来从事公益活动。公募基金会按照募捐的地域范围，分为全国性公募基金会和地方性公募基金会。

109. 设立基金会应当具备哪些条件？

答： 设立基金会应当具备以下条件：

（1）为特定的公益目的而设立；

（2）全国性公募基金会的原始基金不低于800万元人民币，地方性公募基金会的原始基金不低于400万元人民币，非公募基金会的原始基金不低于200万元人民币，原始基金必须为到账货币资金；

（3）有规范的名称、章程、组织机构以及与其开展活动相适应的专职工作人员；

（4）有固定的住所；

（5）能够独立承担民事责任。

110. 申请设立基金会应当提交哪些文件？

答： 申请设立基金会应当提交以下文件：

（1）申请书；

（2）章程草案；

(3) 验资证明和住所证明；

(4) 理事名单、身份证明以及拟任理事长、副理事长、秘书长简历；

(5) 业务主管单位同意设立的文件。

111. 基金会的常见特征有哪些？

答：作为一种基本的社会组织和制度形态，基金会不同于政府、企业，也有别于一般的非营利组织，公益性、非营利性、非政府性和基金信托性是基金会的基本特征。

(1) 公益性

基金会的公益性集中体现在三个方面：一是基金会源于捐赠，是公益捐赠的制度化和组织化形式；二是基金会有明确的公益宗旨；三是基金会有明确的公益用途，通过各种项目活动使特定群体和整个社会受益。公益性决定了基金会在本质上是一种社会公益组织。

(2) 非营利性

非营利性体现在基金会的运作管理及其相应的制度规范中，表现在三个方面：一是存在非营利的分配与收入约束机制，要求基金会的捐赠人、实际受托管理者不得从基金会的财产及其运作中获得利益；二是存在非营利的组织运作和管理机制，要求基金会具备有效规避较高风险与较高回报的自我控制机制；三是存在非营利的财产保全机制，要求基金会不得以捐赠以外的其他方式变更财产及产权结构。

（3）非政府性

基金会的非政府性是其区别于政府的主要特征，表现在三方面：一是基金会在决策体制上不同于政府，是具有自主决策、自治的独立法人；二是基金会在治理结构上不同于政府，是民主治理、公开的社会组织；三是基金会在运作机制上不同于政府，是追求核心竞争力、在市场中优胜劣汰的组织。

（4）基金信托性

基金会是以捐赠为基础形成的公益财产的集合，是以基金形式存在的公益财产，有两层含义：一是基金会在本质上是一种信托关系，是捐赠人、受托人和受益人之间围绕公益财产达成的公益信托，良好的公信力是其核心价值所在；二是基金会是以公益财产形式存在的财产集合，通过有效的财产运作实现保值增值是生命力的体现。

112. 基金会章程应当载明哪些事项？

答：基金会章程应当载明以下几项：

（1）名称及住所；

（2）设立宗旨和公益活动的业务范围；

（3）原始基金数额；

（4）理事会的组成、职权和议事规则，理事的资格、产生程序和任期；

（5）法定代表人的职责；

（6）监事的职责、资格、产生程序和任期；

（7）财务会计报告的编制、审定制度；

（8）财产的管理、使用制度；

（9）基金会的终止条件、程序和终止后财产的处理。

113. 基金会设立登记包括哪些事项？

答：基金会名称、住所、类型、宗旨、公益活动的业务范围、原始基金数额和法定代表人。

114. 境外基金会在中国内地设立代表机构需提交哪些文件？

答：境外基金会在中国内地设立代表机构需提交以下文件：

（1）申请书；

（2）基金会在境外依法登记成立的证明和基金会章程；

（3）拟设代表机构负责人身份证明及简历；

（4）住所证明；

（5）业务主管单位同意在中国内地设立代表机构的文件。

115. 基金会组织机构包括哪几部分？

答：基金会设理事会，是基金会的决策机构，依法行使章程规定的职权。理事会设理事长、副理事长和秘书长，从理事中选举产生，理事长是基金会的法定代表人。

理事为 5～25 人，理事任期由章程规定，但每届任期不得超过 5 年。理事任期届满，可以连选连任。

用私人财产设立的非公募基金会，相互间有近亲属关系的基金会理事，总数不得超过理事总人数的 1/3；其他基金会，具有近亲属关系的不得同时在理事会任职。

在基金会领取报酬的理事不得超过理事总人数的 1/3。

基金会设监事，监事任期与理事任期相同。理事、理事的近亲属和基金会财会人员不得兼任监事。

116. 基金会登记管理机关的监督管理职责有哪些？

答：基金会登记管理机关的监督管理职责有以下内容：

（1）对基金会、境外基金会代表机构实施年度检查；

（2）对基金会、境外基金会代表机构依照《基金会管理条例》及其章程开展活动的情况进行日常监督管理；

（3）对基金会、境外基金会代表机构违反《基金会管理条例》的行为依法进行处罚。

117. 基金会业务主管单位的监督管理职责有哪些？

答：基金会业务主管单位的监督管理职责有以下内容：

（1）指导、监督基金会、境外基金会代表机构依据法律和章程开展公益活动；

（2）负责基金会、境外基金会代表机构年度检查的初审；

（3）配合登记管理机关、其他执法部门查处基金会、境外基金会代表机构的违法行为。

118. 基金会年度工作报告包括哪些内容？

答：基金会年度工作报告应当包括：财务会计报告、注册会计师审计报告，开展募捐、接受捐赠、提供资助等活动的情况以及人员和机构的变动情况等。

119. 如何理解基金会的“非营利性法人”属性？

答：基金会是不以营利为目的、独立享有民事权利和承担民事义务的法人组织。但是基金会不是以人为基础，而是以财产为基础设立的组织，这与社团由会员组成的基本特点有着本质差异。

120. 怎样理解基金会的非营利性与基金会经营行为的关系？

答：非营利性是基金会的基本特征。非营利，是指基金会不以营利为目的。

基金会可以为了使基金保值、增值而开展经营活动，也可以为了募集资金而开展义演、义卖等活动。这些活动的收益都要用在公益事业上，不能在内部分配；当基金会终止的时候，基金会的财产也不能归还捐赠人，要转让给其他公益组织。因此，基金会的这些经营行为仍然是以公益事业为目的，不影响基金会的非营利性。

121. 为什么基金会不称为“公益基金会”？

答：公益性是基金会的本质特征。无论是在西方还是在我国，基金会是特指以从事公益为目的的基金管理组织，是非营利的、从事公益事业的组织。没有必要在名称中强调基金会的公益性。如果称为“公益基金会”，那么，就会造成还有“非公益基金会”的误解。

122. 基金会为什么要实行双重管理体制？

答：《基金会管理条例》规定了登记管理机关和业务主管单位双重管理的体制。

双重管理体制是指：在登记环节上，登记管理机关负责基金会、基金会分支机构、基金会代表机构、境外基金会代表机构的最终审批登记；业务主管单位负责基金会及其分支机构、代表机构、境外基金会代表机构的初审。在管理环节上，登记管理机关负责对基金会、境外基金会代表机构实施年度检查；对基金会、境外基金会代表机构依照本条例及其章程开展活动的情况进行日常监督管理；对基金会、境外基金会代表机构违反本条例的问题依法进行处罚。业务主管单位负责指导和监督基金会、境外基金会代表机构依据法律和章程开展公益活动；负责基金会、境外基金会年度检查的初审；配合登记管理机关和其他执法部门查处基金会、境外基金会代表机构的违法行为。

双重管理体制是我国民间组织管理的基本制度，与我国经济、社会发展的现状相适应。我国民间组织尚处于发育之中，法律制度、社会监督体系还不健全，民间组织登记机关的机构、人员等力量不足，需要业务主管单位的配合。同时，我国民间组织自身也比较薄弱，它们的发展也需要业务主管单位的引导。

123. 关于外国人在华设立基金会、境外基金会在境内设立代表机构有何规定？

答：《基金会管理条例》对基金会的设立主体没有做境内外的限制，依照该条例，外国人可以在华捐资设立基金会，境外基金会也可以在中国内地设立代表机构。长期以来，我们了解到很多外国个人、企业有在中国设立基金会的意愿；外国基金会也希望在中国设立代表机构，开展活动。《基金会管理条例》为外国人设立基金会和外国基金会在华设立代表机构提供了法律依据，给这样的组织、机构以合法身份，将它们纳入法制化的管理。一方面，是要求任何基金会和基金会的代表机构都必须遵守中国的法律法规，依法开展活动；另一方面，也是为我国的公益事业争取到更多的有益支持。

124. 为什么将基金会分为公募基金会和非公募基金会两类？

答：《基金会管理条例》将基金会分为公募基金会与非公募基金会两类，实行分类管理。二者的区别在于基金的来源：公募基金会可以向公众募集资金；非公募基金会的基金来源于特定个人或组织的捐赠，不得向公众募集资金。

我国现有的基金会主要是公募基金会，就是面向社会、面向老百姓广泛募捐的基金会。而国外基金会发展的历史中，涌现了大批个人和企业捐资，以自己名义设立的基金会。这种基金会即非公募基金会，是基金会中的重要类型，由于它资金来源充裕、稳定，运作情况又关系到捐赠人的声誉，因此这类基金会往往运转良好，对公益事业贡献很大。

《基金会管理条例》对基金会分类管理，明确允许设立非公募基金会。可以达到两个目的：一方面，严格管理面向公众开展的募捐活动，维护募捐秩序，控制募捐市场上的竞争，减轻公众负担，维护社会稳定；另一方面，放开政策，允许富裕的个人、企业等设立非公募基金会，使他们能更自主地实现捐赠意愿，使他们在为社会公益做贡献的同时，也可以为自身带来良好的社会效益。

125. 如何对基金会的财产运作进行监督？

答：基金会是运作财产的组织，这就对基金会的财产管理和使用提出很高的要求。《基金会管理条例》从八个方面对基金会财产运作进行了约束。

（1）财产来源要合法；

（2）基金的保值、增值应当坚持合法、安全、有效的原则；

（3）重大募集资金、投资活动，需经理事会的特殊程序通过；基金会设监事，监督财务运作等活动；

（4）基金会的决策不得与基金会的理事、监事有利益相关；

（5）监事和不在基金会担任专职工作的理事不得从基金会获取报酬；在基金会领取报酬的理事不得超过理事总数的三分之一；

（6）基金会每年的公益支出必须达到相当大的比例；

（7）基金会无力从事公益活动就必须注销；

（8）基金会注销后的剩余财产必须仍用于公益目的。

这些条款相互配合，构筑一个比较严密的框架，促使基金会将财产用于特定的公益目的，避免基金会被用于营利目的，避免基金会财产的流失、浪费，避免基金会成为养人机构，避免基金会成为关联交易的手段。

另外，公众的监督也是一个重要方面。《基金会管理条例》要求基金会的财务状况要公开透明，对社会公示。在实际工作中，民政部门也将采取各种措施，帮助建立、健全基金会等民间组织的公众监督机制。

126. 为什么《基金会管理条例》没有对基金会的税收问题做出规定？

答：利用税收手段管理基金会，是发达国家的通行做法。我国这方面的税收政策还需要完善。利用税收监管基金会的前提是基金会享受税收优惠。《基金会管理条例》规定“基金会及捐赠人、受益人可以依照法律、行政法规享受税收优惠。”根据国家立法制度，涉及税务方面的法律、法规和政策由税收部门统一制定。所以，财政部、国家税务总局正在研究制定税收优惠的具体办法。在享受税收优惠的同时，基金会要依法办理税务登记、接受税务部门的监督，对有违法行为的基金会，税务机关还可以要求其补交违法行为存续期间享受的税收减免。总之，要通过税收政策，鼓励基金会的发展，加强对基金会的监管。

现有税收优惠政策主要有：

基金会的存款利息免缴企业所得税。

企业用于公益、救济性的捐赠，在年度应纳税所得额12％以内的部分，免缴企业所得税。

外资企业用于中国境内公益、救济性质以外的捐赠，全部免缴企业所得税。

个人捐赠额未超过应纳税所得额30%的部分，免缴个人收入所得税。

用于公益事业的捐赠物资，可以减征或者免征关税。

社会团体（包括基金会）承受土地、房屋用于办公、教学、医疗、科研和军事设施的，免征契税。

127. 基金会原始基金标准确定的依据是什么？

答：《基金会管理条例》对基金会的设立基金标准进行了分类：全国性公募基金会不少于800万元人民币，地方性公募基金会不少于400万元人民币，非公募基金会不少于200万元人民币。公募基金会的设立基金要高于非公募基金会；公募基金会中全国性的公募基金会设立基金高于地方性的公募基金会。

原始基金标准的确定有三方面的考虑：

（1）限制公募基金会数量过多增长，鼓励非公募基金会的设立。

（2）确保基金会有能力积极开展公益活动和维持自身运转。分析表明，公募基金会原始基金在800万元人民币以上，非公募基金会原始基金在200万元人民币以上，才有能力开展公益活动并维持自身运作。

（3）考虑现有基金会情况。据不完全统计，全国性基金会中只有一半左右的基金会拥有1000万元以上的基金。地方性的基金会除了少数发达地区外，资产更少。中国人民银行 1999 年的统计数据显示，有近 40%的地方性基金会的基金未能达到现行规定的 210 万人民币（或等值外汇）的标准。由此看来，公募基金会设立基金应当略低于 1000 万元人民币，而地方性公募基金会募捐范围比较小，设立基金应当低于全国性公募基金会。

综合以上因素，确定了基金会设立基金的标准。

128. 基金会公益支出比例的确定是怎么考虑的？

答：公募基金会每年用于从事章程规定的公益事业支出，不得低于上一年总收入的 70%；非公募基金会每年用于从事章程规定的公益事业支出，不得低于上一年基金余额的 8%。

规定基金会每年公益支出的比例，是为了促使基金会实现发展公益事业的宗旨，确保对公益事业进行投入。杜绝基金会出现偏离公益轨道，或是停滞不活动的情况。

公募基金会向社会募捐，支出与收入配比有利于衡量捐赠收入的使用效率。经统计，全国性基金会目前的平均支出比例为 50%，为达到促进基金会活动的目的，《基金会管理条例》把标准定为：每年公益事业支出不得低于上一年总收入的 70%。

非公募基金会不接受募捐，一般使用基金的利息，或利用捐赠人定期提供的资金开展活动，因此，以基金额为标准确定公益支出比例。为达到促进基金会开展公益活动和鼓励非公募基金会发展的双重目的，公益支出比例定为：上年基金余额的8%。

129. 基金会与证券投资基金管理公司有什么区别？

答：基金，指有特定用途并单独进行核算的储备资金或专门拨款，目的是兴办、维持或发展某种事业。基金会与证券投资基金管理公司虽然同样是基金管理机构，但有着本质的差别：

（1）组织形式不同。基金会是非营利组织，不以营利为目的。证券投资基金管理公司是以营利为目的的组织。

（2）所有权关系不同。基金会基金的建立基于捐赠关系，所有权发生转移；而证券投资基金的形成则是投资行为，所有权归投资人。

基金会的财产所有权不再属于捐赠人，不能收回，捐赠人不再享有财产的占有、使用、支配和收益权，财产的转移不可逆。而证券投资基金类似于股票等有价证券，投资者可以投入一定的货币资金来购买对应份额的基金，也可以随时出售或赎回。在投资证券投资基金过程中，财产所有权并未发生转移，投资者可以随时变现收回资金，并享有投资期间的增值收益。

（3）基金设立目的不同。基金会设立基金，目的是通过合理使用，服务于社会公益事业，谋求社会公共福利的增加和社会效益的最大化。证券投资基金则属于一种金融产品，目的是为投资者的资金提供保值增值服务，归根结底是营利性的，唯一的目标是获取利润。

（4）基金的管理方式不同。由于所有权关系和追求目标的区别，两种基金的管理方式上有很大区别。证券投资基金管理机构接受投资人委托，将基金投资于证券市场，在管理中受投资者意愿的影响，在收益性、风险性、安全性三者之间，更强调收益性。而基金会基金由于具有社会公共财产的属性，管理上主要强调安全性，收益是次要的。

此外，证券投资基金管理公司可以获取管理费用，形成利润，这部分利润可用于管理者分配；而基金会虽然运营支出全部来源于基金及其增值，但基金会作为管理者，并没有自己的利益，基金会的任何收入都不能用于分配。

130. 如何理解基金会评估？

答：基金会评估是指依据一套系统化、权威化的评估指标体系，由评估机构对基金会的基础条件、内部治理、社会意义与社会影响、公益性与公益项目效果等方面进行专业的解读与分析，并出具一份具备社会公信力的评估报告的过程。目前我国基金会评估的核心也在于通过政府与社会专业组织的共同合作，既能向社会公众提供更多进行化会选择的专业化信息，又能引导基金会朝向更好的方向发展。

131. 我国基金会评估的发展历程是什么？

答：在2004年《基金会管理条例》出台后，民政部民间组织管理局便开始着手探索基金会评估的相关工作。2007年8月16日，民政部出台《民政部关于推进民间组织评估工作的指导意见》，同时出台了《全国性民间组织评估实施办法》作为规范性文件，着力推进全国范围内的民间组织评估。随后，民政部首次启动了全国第一批基金会的评估工作，共有69家已登记注册的基金会参与，共评出6家5A级基金会。随后，基金会评估工作逐渐在全国范围陆续展开。我们可以看到，由政府主导的基金会评估在当时的社会发展过程中起了至关重要的引导作用。然而，政府评估的弊端也备受争议，如民政部门人力、资源、精力有限，平时就有很多繁重的事务性工作；评估的公正性和专业性不强等。在第一次评估工作的基础上，各地开始总结经验，探索适合自己的评估制度。

随着政府行政管理职能转变和社会组织管理制度创新，政府部门加大了向社会组织购买公共服务的力度。那么，作为委托方，政府部门对于承接方提供的公共服务的评估需求也日渐增强。在此背景下，基金会第三方评估开始崭露头角。

2008年开始，全国各地陆续开展基金会评估工作，由于各地基金会的发展阶段与特点不同，在评估内容、评估模式上依据自身情况开始了探索与创新。在2009年后，北京、福建等地开始出现基金会第三方评估团队。

在理论研究和各地实践摸索的基础上，2010年12月，民政部出台了《社会组织评估管理办法》。该办法是在《全国性民间组织评估实施办法》的基础上，进一步对评估工作的各方面内容进行了修正性规定。该办法中重新规定了评估机构的权责体系，尤其是复核委员会。2011年8月，民政部修订了基金会评估指标，部分调整了一些三级指标的设定，如法人资格中添加了“名称”指标。

2011年后，全国各地均不同程度地开展了基金会评估工作。第三方评估也已成为基金会评估的发展趋势。北京、上海、广州等地的第三方评估模式正趋向成熟与稳定。从2014年以基金会为代表的社会组织评估总体情况来看，我国社会组织评估范围不断扩大，评估工作有序开展，评估的科学性、规范化程度逐渐加深，2015年5月20日，民政部出台了《民政部关于探索建立社会组织第三方评估机制的指导意见》，就探索建立我国社会组织第三方评估机制需要做好的几个方面提出了指导性建议与意见。依据《社会组织评估管理办法》的相关规定，我国社会组织评估工作的全面开展。在这一机制的指导下，经过近几年评估工作的发展和实践的探索，我国社会组织评估覆盖范围越来越广，在引领社会组织健康发展、提升社会组织服务能力等方面发挥着举足轻重的作用。

2015年9月1日，民政部以民函〔2015〕272号发出

《关于开展2015年度社会组织评估工作的通知》，开始启动2015年全国性社会组织评估工作，其中对2012年12月31日前在民政部登记成立未参评的全国性行业协会商会、全国性公益类社团、基金会及民办非企业单位的参评工作做出了硬性规定，要求这四类社会组织必须参加2015年度社会组织评估。民政部民间组织服务中承担全国性的社会组织评估工作，内设办公室、登记服务处、管理服务处、培训宣传处、人才服务处。其中，管理服务处主管民间组织评估的相关工作，其主要职责是参与研究制定民间组织评估标准、工作程序和实施方案；组织评估专家数据库、对专家进行培训；组织开展评估工作、接受复议申请等。

132. 基金会评估指标构成有哪些？

答：一级指标为基础条件、内部治理、工作绩效和社会评价。基础条件包括法人资格、章程、变更登记和备案以及遵纪守法4项二级指标，其中遵纪守法（26分）所占权重最高；内部治理包括发展规划、组织机构、领导班子、人力资源管理、财务资产管理及档案、证章管理6项二级指标，其中财务资产管理（200分）所占权重最高；工作绩效包括社会捐赠、募集和政府购买服务，公益活动规模和效益，项目开发与运作，信息公开与宣传以及特色工作5项二级指标，其中公益活动规模和效益（160分）所占权重最高；社会评价包括内部评价、公众评价和管理部门评价3项二级指标，其中管理部门评价（50分）所占权重最高。

具体的基金会评估指标如表2所示。

表2 基金会评估指标构成

一级指标	二级指标
基础条件（80分）	法人资格（25分）
	章程（15分）
	变更登记和备案（14分）
	遵纪守法（26分）
内部治理（370分）	发展规划（7分）
	组织机构（81分）
	领导班子（19分）
	人力资源管理（44分）
	财务资产管理（200分）
	档案、证章管理（19分）
工作绩效（450分）	社会捐赠、募集和政府购买服务（60分）
	公益活动规模和效益（160分）
	项目开发与运作（88分）
	信息公开与宣传（112分）
	特色工作（30分）
社会评价（100分）	内部评价（25分）
	公众评价（25分）
	管理部门评价（50分）

133. 法人资格指标主要评估哪些方面？

答： 法人资格指标的评估标准是基金会资产状况、法定代表人产生程序和任职资格，以及基金会办公条件。具体内容包括：

（1）基金会资产状况

参评基金会的净资产额度是否达到《基金会管理条例》规定的注册资金要求。

（2）法定代表人的产生程序和任职资格

参评基金会的法定代表人的选举无论采取何种表决方式（鼓掌方式、举手方式、投票方式等），其产生程序都必须符合规范：在理事会会议上经过选举产生，且该次理事会会议能够提供会议纪要及理事签字。基金会的法定代表人也须满足相关行政法规对任职资格的要求。

（3）基金会办公条件

在基金会办公条件方面，参评基金会是否有独立的办公空间、办公用房面积、办公用房性质（拥有自主产权、租用或其他单位无偿提供等）。

134. 章程指标主要评估哪些方面？

答： 章程指标的评估标准是章程制定与修改程序，以及章程经登记管理机关核准的情况，包括章程最近修改的具体时间和理事会届次，有理事签名的会议纪要、章程经登记管理机关核准的证明材料等。

135. 变更登记和备案指标主要评估哪些方面?

答: 变更登记和备案指标的评估标准主要从基金会各主要事项变更之后向登记机关上报的情况，以及组织机构代码证、税务登记证书、印章样式、银行开户证明和理事监事等材料的备案情况两个方面来考察基金会的基础建设情况。

主要变更事项包括参评基金会是否经历过法定代表人变更、住所变更、业务范围变更以及原始基金数额变更等。

136. 遵纪守法指标主要评估哪些方面?

答: 遵纪守法指标的评估标准主要从基金会的年度检查情况、政府部门处罚情况和重大事项管理三个方面来衡量参评基金会对法律法规与政策的遵守情况。

重大事项管理包括参评基金会是否建立了重大事项报告制度、报告制度是否得到落实、所有重大活动是否及时向业务主管单位汇报等。

137. 发展规划指标主要评估哪些方面?

答: 发展规划指标旨在考察参评基金会的顶层战略设计、年度工作计划制定以及上一年度总结情况。

138. 组织机构指标主要评估哪些方面?

答: 组织机构下的三级指标包括基金会理事会、监事或监事会，分支（代表）机构、办事机构和党组织。具体内容包括:

（1）理事会方面

理事会的会议召开次数、理事人数是否达到章程规定，参评理事会是否依据章程规定按期换届，是否能提供完整且经过理事签字的会议纪要，现任理事选举是否经过前任理事提名等。

（2）监事或监事会方面

参评理事会是否设置了监事会或聘请了监事，选任监事的人数是否达到章程要求，是否存在监事缺席理事会会议情况，监事在理事会议及财务报告审议过程中的履职情况等。

（3）机构设置方面

参评理事会是否设置了分支（代表）机构，办事机构的管理制度是否健全。

（4）党组织方面

参评理事会是否独立设置了党组织或与其他机构建立联合党组织，党组织发挥的作用。

139. 领导班子指标主要评估哪些方面?

答: 领导班子二级指标考察的是各家基金会负责人的情况，主要包括负责人的届次、年龄，秘书长专兼职情况，现职国家工作人员兼任情况以及负责人的履职情况。具体内容包括：

(1) 负责人方面

参评基金会的理事长是否处于正常任期之内、理事长是否有超届、超龄任职现象。

(2) 秘书长方面

参评基金会的秘书长为专职（反映该基金会能够建立层级分明的治理结构)、兼职或由理事长兼任，是否存在秘书长两地办公现象，是否存在现职国家工作人员兼任秘书长情况。

140. 人力资源管理指标主要评估哪些方面?

答: 人力资源管理下的三级指标考察基金会工作人员配置情况，包括奖惩、聘用、薪酬制度等在内的具体人事管理制度和社会保险落实情况，以及基金会的志愿者管理情况。具体内容包括：

(1) 人员配置方面

参评基金会专职工作人员的数量、拥有本科以上学历的工作人员数量、员工团队的平均年龄等。

（2）人事管理制度和社会保障落实情况

参评基金会是否与员工签订正式的劳动合同，是否为员工缴纳社会保险和住房公积金，是否建立了层级分明的薪酬体系等。

（3）志愿者管理方面

参评基金会是否建立了志愿者管理制度，所招募的志愿者是否能够广泛参与到机构的公益项目中，是否建立了常态化的志愿者参与机制等。

141. 财务资产管理指标主要评估哪些方面？

答：财务资产管理下的三级指标包括合法运营、会计人员管理、会计核算管理、预算管理、资金管理、公益项目收支管理、实物和无形资产管理、投资管理、税收和票据管理、财务报告以及财务监督。具体内容包括：

（1）会计人员管理与会计核算管理

参评基金会是否设置了专职会计人员及财务人员，是否有会计与出纳为同一人的现象，是否有会计与出纳均为兼职的现象，是否有会计没有从业资格证的现象，基金会是否执行《民间非营利组织会计制度》，基金会所使用的财务软件是否符合《民间非营利组织会计制度》的要求，会计核算是否实行了电算化，会计档案管理是否规范（保管清册、封面签章、定期报送等）。

（2）预算管理、资金管理、资产管理及投资管理

参评基金会是否建立了相应的财务管理制度，基金会的预算执行情况如何，基金会的实物和无形资产管理是否规范，基金会是否建立了投资管理制度。

（3）公益项目收支管理

参评基金会是否建立了项目财务管理制度，基金会是否存在项目支出未履行比价程序或凭证签章不全等问题，项目在接受定向捐赠时是否签订了相应协议，协议中是否对双方的权利和义务予以明确等。

（4）财务监督

参评基金会是否对项目的支出标准和审批权限有明确规定，各项支出审批手续是否齐全，基金会是否建立了负责人之间的支出审批互签互批制度等。

142. 档案、证章管理指标主要评估哪些方面？

答：档案、证章管理下的三级指标包括档案管理、证书管理和印章管理。考查内容包括参评基金会是否建立了档案管理制度，档案资料是否齐全，基金会办公场所是否悬挂登记证书正本，印章管理是否有专人负责等。

143. 社会捐赠、募集和政府购买服务指标主要评估哪些方面？

答：社会捐赠、募集和政府购买服务指标主要评估

基金会吸收资源的能力，这方面的三级指标包括基金会的年度捐赠收入水平、年人均接受捐赠金额和政府购买服务，其中政府购买服务包括项目完成情况、服务成效、服务对象满意度、承接主体的组织制度建设、财务管理、项目管理能力、专业人员情况等内容。政府购买服务包括项目完成情况、服务成效、服务对象满意度、承接主体的组织制度建设、财务管理、项目管理能力、专业人员情况等内容。

144. 公益活动规模和效益指标主要评估哪些方面？

答：公益活动规模和效益下的三级指标，分别是公益支出水平、公益支出增长水平以及工作人员工资福利与行政办公支出所占的比例。其中最主要的指标是公益支出水平。

145. 项目开发与运作指标主要评估哪些方面？

答：项目开发与运作下的三级指标包括基金会的组织价值理念、项目对社会需求的满足、项目运作规范性、项目创新性和可持续性以及项目社会效益 5 个方面。具体内容包括：

（1）组织价值理念与项目对社会需求的满足

参评基金会的申报材料中是否体现了较为明确的使命愿景意识，项目是否能够围绕基金会的既定宗旨展开，项目是否充分考虑社会需求。

（2）项目运作规范性

参评基金会是否建立了项目管理制度，基金会是否在项目立项前进行了充分论证，基金会是否在项目实施过程中进行有效的流程管控，基金会是否在项目执行过程中保证项目监督，基金会是否在重点项目执行完毕后进行总结，项目是否具备较强的公益性等。

146. 信息公开与宣传指标主要评估哪些方面？

答：信息公开与宣传下的三级指标包括信息公开管理，公开接受、使用社会捐赠情况，公开公益资助项目种类、申请、评审程序以及评估结果、社会宣传 4 项。具体内容包括：

（1）信息公开管理

参评基金会是否建立了详细的信息公开制度，能否完整准确地公开组织信息，是否建立了官方网站，是否将网站作为信息公开的主要渠道，基金会其他信息公开渠道（微信、微博、报刊）的使用情况，是否存在信息公开无专人负责、信息查询便捷性较低等问题。

（2）公开接受、使用社会捐赠

公开接受、使用社会捐赠情况共涉及 5 项信息公开内容，分别是接受捐赠信息、资金使用情况、公益项目、财务审计报告和年度工作报告。

（3）社会宣传

参评基金会是否能够利用网站推广宣传机构活动，是否印制了刊物及宣传资料开展社会宣传，是否有相关媒体对基金会活动情况进行报道等。

147. 特色工作指标主要评估哪些方面？

答：特色工作指标主要考察基金会创新性强、业绩突出的工作，能够集中凸显相关机构在公益事业建设方面的贡献。

参考文献

[1] 王守文．“SCC”理论：中国社会组织评估机制研究[D]. 华中科技大学．2013.

[2] Salamon，Lester M. Global Civil Society：Dimensions of the Nonprofit Sector [M]. The Johns Hopkins Center for Civil Society Studies，Baltimore，1999.

[3] 中国社会组织公共服务平台 [OL]. http：//www. chinanpo. gov. cn/index. html.

[4] 徐家良．中国社会组织评估发展报告 [M]. 北京：社会科学文献出版社，2018.

[5] 中国社会组织公共服务平台．中国社会组织评估等级证书式样 [EB/OL]. [2012-05-03]. http：//www. chinanpo. gov. cn/3988/53331/bsfwindex. html.

[6] 中华人民共和国民政部令第 39 号．《社会组织评估管理办法》[EB/OL].（2010-12-27）[2013-02-25]. http：//jnjd. mca. gov. cn/article/zyjd/zmnjzx/201302/20130200421252. shtml.

[7] 中华人民共和国民政部．《社会团体登记管理条例》

[EB/OL].（2016—02—06）[2016—12—10]. http：//www.mca.gov.cn/article/gk/fg/shzzgl/201812/20181200013490.shtml.

[8] 中华人民共和国民政部.《全国性社会团体登记（2017年最新）》[EB/OL]. [2017—11—27]. http：//www.mca.gov.cn/article/fw/xzsp/shtt/cldj/bszn/201711/20171115006838.shtml.

[9] 中华人民共和国民政部.《社会团体名称变更（2017年最新）》[EB/OL]. [2017—11—27]. http：//www.mca.gov.cn/article/fw/xzsp/shtt/bgdj/bszn/201711/20171115006859.shtml.

[10] 中华人民共和国民政部.《社会团体注销（2017年最新）》[EB/OL]. [2017—11—27]. http：//www.mca.gov.cn/article/app/bszn/shtt/201711/20171115006841.shtml.

[11] 中华人民共和国民政部.《基金会管理条例》[EB/OL].（2004—03—08）[2004—03—19]. http：//www.mca.gov.cn/article/xw/tzgg/200711/20071115003953.shtml.

[12] 上海社会科学院政府绩效评估中心. 非营利组织绩效评估 [M]. 上海：上海社会科学院出版社，2015.

[13] 赖因哈德·施托克曼. 非营利机构的评估与质量改进：效果导向质量管理之基础 [M]. 唐以志，景艳燕，等译. 北京：中国社会科学出版社，2008.

[14] 徐家良. 社会组织蓝皮书：中国社会组织评估发展报

告（2016）[M]. 北京：社会科学文献出版社，2016.

[15] 陈德权，王猛，秦伟江，等. 社会组织管理概论[M]. 北京：清华大学出版社，2016.

[16] 黄波，吴乐珍，古小华. 非营利组织管理 [M]. 北京：中国经济出版社，2008.

[17] 冯虹，李东松. 北京社会组织发展研究 [M]. 北京：社会科学文献出版社，2015.

[18] 王名，王超. 非营利组织管理 [M]. 北京：中国人民大学出版社，2016.

[19] 李飞虎，黄静. 非营利组织经营与管理 [M]. 北京：北京大学出版社，2016.

[20] 卢玮静. 基金会评估历程、开展状况与特点 [J]. 社团管理研究，2012 (2).

[21] Sargeant，Adrian，Jen Shang. Outstanding Fundraising Practice：How Do Nonprofits Substantively Increase Their Income? [J] International Journal of Nonprofit and Voluntary Sector Marketing，2016，21：43－56.

[22] 中华人民共和国民政部. 民办非企业单位登记管理暂行条例（1998 年 10 月 25 日国务院令第 251 号发布）[EB/OL].（1998－10－25）[2007－09－05]. http：//www.mca.gov.cn/article/gk/fg/shzzgl/201507/20150715847908.shtml.

[23] 陈建国，冯海群. 社会组织评估的制度结构和改革方向 [J]. 云南大学学报（社会科学版），2018，17

(03)：107—114.

[24] 中华人民共和国民政部．申请成立民办非企业单位应当具备哪些条件？[EB/OL]．[2018—01—18]．http：//www. mca. gov. cn/article/fw/xzsp/mbfqy/cldj/cjwt/201801/20180100007579. shtml.

[25] 中华人民共和国民政部．民办非企业单位包括哪些行（事）业？[EB/OL]．[2018—01—18]．http：//www. mca. gov. cn/article/fw/xzsp/mbfqy/cldj/cjwt/201801/20180100007581. shtml.

[26] 中华人民共和国民政部．民办非企业单位名称有哪些要求？[EB/OL]．[2018—01—18]．http：//www. mca. gov. cn/article/fw/xzsp/mbfqy/cldj/cjwt/201801/20180100007580. shtml.

[27] 民政部职业技能鉴定指导中心．民办非企业单位登记暂行办法（民政部令 18 号 1999 年 12 月 28 日发布施行）[EB/OL]．[2013—02—25]．http：//jnjd. mca. gov. cn/article/zyjd/zmnjzx/201302/20130200421259. shtml.

[28] 中华人民共和国中央人民政府．民办非企业单位印章管理规定（民政部令、公安部令第 20 号）[EB/OL]．[2000 — 01 — 19]．http：//www. gov. cn/gongbao/content/2000/content _ 60184. htm.

[29] 中华人民共和国民政部．民办非企业单位名称变更（2017 年最新）[EB/OL]．[2017—11—27]．http：//

www. mca. gov. cn/article/fw/xzsp/mbfqy/bgdj/bszn/201711/20171115006878. shtml.

[30] 中华人民共和国民政部．民办非企业单位法人变更（2017 年最新）[EB/OL]. [2017－11－27]. http：//www. mca. gov. cn/article/fw/xzsp/mbfqy/bgdj/bszn/201711/20171115006877. shtml.

[31] 中华人民共和国民政部．民办非企业单位开办资金变更（2017 年最新）[EB/OL]. [2017－11－27]. http://www. mca. gov. cn/article/fw/xzsp/mbfqy/bgdj/bszn/201711/20171115006874. shtml.

[32] 中华人民共和国民政部．民办非企业单位住所变更（2017 年最新）[EB/OL]. [2017－11－27]. http：//www. mca. gov. cn/article/fw/xzsp/mbfqy/bgdj/bszn/201711/20171115006875. shtml.